Dieses Buch gehört

....

Lass uns einige Vokabeln lernen, die in der Geschichte vorkommen

Amir: So heißt der kleine Junge, das bedeutet "Prinz" auf Arabisch.

Prophet Yusuf: ist ein im Koran aufgeführter Prophet.

(S.W.T): ist die Abkürzung für die arabischen Worte "Subhanahu wa ta'ala". Muslime benutzen diese oder ähnliche Worte, um Gott zu preisen, wenn sie seinen Namen erwähnen.

Al Khaliq: bedeutet Der Schöpfer, einer der Namen Allahs.

Bismillah: ist eine arabische Redewendung und bedeutet "im Namen Gottes".

Alhamdulillah: ist eine arabische Redewendung, die "Gepriesen sei Gott" bedeutet.

Dua: bedeutet Bittgebet, es ist ein Akt des Bitten und Flehens.

Amir wartete auf seine Mutter. Dies war seine Lieblingszeit am Tag. Er mochte es, die Gute-Nacht-Geschichten seiner Mami zu hören, ehe er ins Bett ging. Seine Mami hat ihm jeden Tag eine andere Geschichte erzählt.

Sie berichtete ihm Geschichten über die großen Propheten, ihre Prüfungen und Leiden. Außerdem erzählte sie ihm Geschichten über die Größe Allahs (S.W.T).

Doch eine Frage ging Amir immer wieder durch den Kopf. Er traute sich nicht, vor seinen Eltern darüber zu sprechen. Er hatte keine Ahnung, welche Reaktion er von ihnen bekommen würde. Doch heute beschloss er, seine Gedanken zu klären.

Mami kam in sein Zimmer und lächelte Amir an.

"Amir, mein Sohn. Wie ich sehe, bist du aufgeregt wegen der heutigen Geschichte", sprach Mama mit einem gütigen Lächeln. Amir nickte aufgeregt und Mami küsste seinen Kopf.

"Heute erzähle ich dir von einem Traum, Amir", meinte Mami, als sie den kleinen Amir in sein Bettchen legte.

Amir runzelte die Stirn.

"Wessen Traum, Mami?", fragte er neugierig nach.

"Ich erzähle dir von einem Traum, den der Prophet Yusuf hatte", erwiderte Mami.

"Aber Mami", sagte Amir, als er die Stirn runzelte.

"Bedrückt dich etwas, mein Sohn?" Fragte Mami.

"Mami. Wer ist Allah?", beantwortete Amir nach einer Weile. "Wir fangen jede Handlung an, nachdem wir "im Namen Allahs, Bismillah" gesagt haben. Wir bedanken uns bei Ihm, nachdem wir etwas gegessen haben, und wir gehen schlafen und denken an Ihn. Wenn wir aufwachen, danken wir Ihm dafür, dass Er uns am Leben erhalten hat, wir sagen immer Alhamdulillah. Aber du hast nie gesagt, wer ER ist?"

Die Mutter blickte ihn eine Weile an. Sie lächelte dann, nahm Amirs Hände und küsste sie.

"Mein Sohn! Mein Augapfel. Und wer hat dich und mich erschaffen? Allah (S.W.T.)! Und wer hat die Sterne, den Himmel, die Erde und alles um uns herum erschaffen? Allah!

Alles passiert nach Seiner Ordnung.

Er ist der Schöpfer und der Bewahrer,

Allah ist <u>Al Khaliq</u>", antwortete Mami liebevoll.

"Nur wegen Allah gibt es in der Natur eine Menge Tiere."

"Die Planeten, die Sonne und viele Sterne"

"Die Ozeane, Meere mit vielen Fischen und all die anderen fabelhaften Lebewesen", fügte die Mama hinzu.

Amir blickte verwirrt.

"Warte kurz, Amir", sagte Mami, als sie aus dem Zimmer ging.

Sie kehrte mit einem Stück Watte auf einem Teller zurück. Sie legte einige Tropfen Wasser auf die Watte und legte eine Bohne hinein.

"Nun warte ein paar Tage und dann wirst du sehen",
sagte Mama, während sie lächelte. Sie platzierte den
Teller auf dem großen Tisch.

"Wir wollen unserem Gott, Allah, für diesen Tag danken", sagte Mami, als sie
damit fortfuhr, Dua zu machen, bevor sie zu Bett ging.

Jeden Tag wachte Amir auf und betrachtete das Stück Baumwolle, um zu sehen, ob sich etwas verändert, aber er sah nichts.
Irgendwann sah er kleine grüne Sprossen aus der Bohne sprießen.

"Mami! Mami!", rief Amir ganz aufgeregt nach seiner Mutter.

Mami kam ins Zimmer und lächelte, als sie die Sprossen sah.

"Siehst du, kleiner Amir? Allah (S.W.T.) hat befohlen, dass diese Sprossen aus dieser Bohne wachsen. Sie wäre ohne Allahs Erlaubnis nicht gewachsen. Er kontrolliert alles auf dieser Welt. Er ist für das Leben von jemandem verantwortlich, der sogar so winzig ist wie eine neugeborene Ameise.

Du hast deine Bilder als Baby gesehen. Nur Allahs Zustimmung erlaubte es dir, zu einem lieblichen und gut aussehenden Jungen heranzuwachsen", sagte Mami, während sie Amirs Wangen liebevoll streichelte.

Amirs Augen wurden groß vor Bewunderung.

"Das bedeutet, dass wir Allah für jede Sekunde unseres Lebens dankbar sein sollten?", sagte er und schaute seine Mami zustimmend an.

Mami lachte.

"Ja, und wir müssen auch seinen Befehlen und Anordnungen gehorchen. Er sieht uns also als seine geliebten Sklaven", fügte Mami hinzu.

Amir lächelte und versprach, ein guter Muslim zu werden.

Wir hoffen, dass Ihren Kindern diese kleine Geschichte gefallen hat. Bitte hinterlassen Sie uns einen Kommentar auf der Amazon-Website. Ihre Meinung ist für uns sehr wichtig. Möge Allah Sie segnen.